Gemütlich oder gar urig ist die Wirkung einfacher Formen im Terrakotta-Ton. Das kleine Gefäß wurde frei aus der Hand heraus modelliert.

## Ein kurzes Wort zum Umgang mit diesem Buch

Da es möglichst vielseitig anregen möchte, bringt es eine Fülle von Beispielen, Erläuterungen und Hinweisen. Die sich wiederholenden Arbeitsgänge konnten deshalb nicht immer neu dargestellt werden. Es empfiehlt sich, den Text einmal durchzulesen und sich einen Überblick zu verschaffen. Nützliche Hinweise befinden sich auf S. 30. Eine allgemeine Orientierung für unser gestalterisches Arbeiten vermittelt das Nachwort. Doch nun zur Sache!

## Es muß nicht unbedingt Ton sein

Nicht wenige haben sich schon gewünscht, Vasen aus Ton selber zu formen. Stand jedoch für die ersten unverbindlichen Versuche nicht gleich ein Brennofen zur Verfügung, so stellten sich meist schon die üblichen, kaum noch überwindlichen Zweifel ein: Bedarf es nicht eines hohen Maßes an Geschicklichkeit? Muß man nicht lange üben, um ein paar ansehnliche Arbeiten zustande zu bringen? Und setzt das Glasieren, mit dem so überraschend schöne Wirkungen erzielbar sind, nicht umfangreiche Kenntnisse voraus?
Zu solcher Entmutigung besteht aber kein Grund mehr! Es gibt neuere tonähnliche Werkstoffe – preiswert zum Glück –, die uns gerade zu diesen unverbindlichen Versuchen ermuntern möchten. Tatsächlich können wir mit ihnen schöne und originelle Vasen auf einfache Art fertigen! Nach dem Trocknen sind diese Materialien weniger leicht zerbrechlich als gebrannter Ton. Zu ihren Vorzügen gehört es, daß sie vor der Arbeit nicht zubereitet werden müssen. Bereits gehärtete Masse wird in Wasser allmählich wieder weich und modellierfähig, so daß halbfertige oder noch nicht zufriedenstellende Gegenstände erneut bearbeitet werden können.
Mit diesem Vorteil ist auch der einzige Nachteil des Materials gegeben: die fehlende Wasserfestigkeit. Daß wir dennoch unschwer wasserdichte Vasen von unbegrenzter Haltbarkeit fertigen und dabei in Form, Struktur und Farbe unserer Phantasie freien Lauf lassen können, soll im folgenden an Hand vieler Beispiele deutlich werden.

## Verschiedene Werkstoffe kommen in Frage

Die diesem Buch zugrundeliegenden Erfahrungen beruhen vorwiegend auf dem Umgang mit „keramischen“ bzw. tonsubstanzhaltigen Massen, z. B. Keramiplast und Keramika. In Bastelgeschäften werden sie in Weiß und z. T. auch in „Terrakotta“ angeboten. (Den Terrakotta-Ton erreichen wir anderenfalls leicht durch das Bemalen mit einer Farbmischung aus Rot und Braun.) Brauchbar sind auch Kunstmassen wie DAS, Darwi und Efaplast.
Die „keramischen“ oder tonsubstanzhaltigen Massen ähneln dem Ton sehr, sind jedoch geschmeidiger als dieser und besonders leicht zu verarbeiten. Die daraus gefertigten Stücke werden im allgemeinen für echte Keramik gehalten.

## Vielfältige Möglichkeiten

Wollen wir Vasen für Gräser oder Trocken- und Phantasieblumen arbeiten, so formen wir sie beliebig aus unserem tonähnlichen Material und lassen sie trocknen. Bei mehr-

*Schlichte Grundformen lassen sich mit aufgelegten Dekorelementen hübsch gestalten (siehe auch Text S. 14 und 38, links unten).*

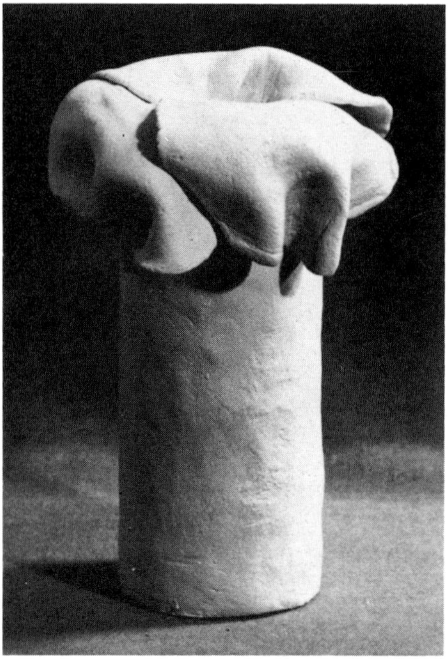

*Keine Anfängerarbeit! Nur ein Beispiel für das freie Verändern der Form! Drei aus Modelliermasse ausgewalzte Kreisscheiben wurden über den Rand eines zylindrischen, schon „ummantelten“ Glases drapiert.*

fachem Ausstreichen mit Klarlack wird auch das Vaseninnere wasserfest. Kein Problem ergibt sich hinsichtlich der Wasserfestigkeit, wenn wir Trägergefäße – Gläser, Flaschen, alte Vasen, solide Plastikgefäße – mit Masse umkleiden. Vorteilhaft ist dabei nicht zuletzt der geringe Materialverbrauch!

Der mögliche Einwand, daß wir unsere Vasen dann nicht von Grund auf arbeiten, berührt uns kaum. Es liegt ganz und gar an uns selbst, wie schöpferisch wir sein wollen und was damit aus unserer jeweiligen Arbeit wird, ob wir z. B. die Form des Trägergefäßes beibehalten oder sie völlig verändern. Mit der Oberflächenstrukturierung und der farblichen Gestaltung sind zusätzlich unbegrenzte Variationen möglich! Vielleicht macht uns das Arrangieren von Blumen und Zweigen Freude. Dann haben wir sicher schon des öfteren eigene Vorstellungen von Vasen und Schalen entwikkelt. Warum sollten wir uns nicht originelle Gefäße in ganz bestimmten Formen und Farbtönen wünschen, die mit unserer Wohnungseinrichtung harmonieren oder als Geschenke geeignet sind.

Es ist ratsam, daß wir uns eine Sammlung von Trägergefäßen zulegen. Nachbarn, Freunde und andere können dabei helfen. Auch einfachste Formen lassen interessante Gestaltungen zu! Spirituosen, Lebensmittel und kosmetische Artikel werden in Gläsern und z. T. guten Plastikbehältern unterschiedlichster Form angeboten. Bevor wir mit der Arbeit beginnen, kann es sinnvoll sein, daß wir ein wenig über diese Formen „meditieren“ und uns gleichzeitig durch schöne Blüten und Zweige zu „unseren Werken“ inspirieren lassen. Wir können Gefäßumrisse auch auf Papier übertragen – durch Herumzeichnen – und sie dann spielerisch verändern, ausmalen usw. Vielleicht lassen wir uns die Form und weitere Gestaltung erst bei der Arbeit einfallen!

Natürlich können die im Buch abgebildeten Vasenmodelle *auch als Anregungen für Tonarbeiten,* die gebrannt werden, dienen.

*Aus Streifen hergestellte Henkel bestimmen das Aussehen der rechts abgebildeten Vasen, s. S. 15, bes. die Form in der Mitte unten. Die Henkel der schlanken, aparten Vase, die uns vielleicht an eine menschliche Gestalt denken läßt, zeigen mit der Spitze nach unten, wurden aber nach demselben Prinzip geformt: Streifen zwar länger, seitlich eingeschlagen und „aufgefangen“ vom aufgesetzten Ring.*

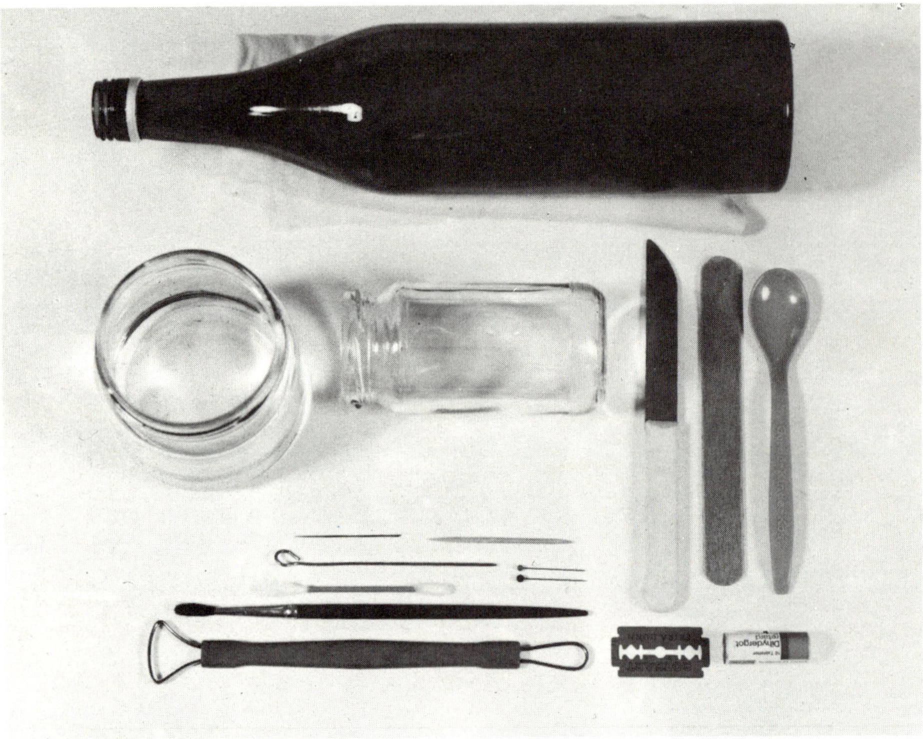

# Vorbereitung und Beginn der Arbeit

## Was wir brauchen:

Zunächst benötigen wir außer der Modelliermasse und einer abwaschbaren Arbeitsplatte (evtl. Wachstuch) eine Nudelrolle (oder zylindrische Flasche), ein Gefäß mit Wasser sowie Tücher, die darin ausgedrückt werden (notfalls Haushaltskrepp).
Für das im nächsten Kapitel beschriebene Umschichten brauchen wir, wie schon erwähnt, Trägergefäße, ferner Nadeln verschiedenster Stärke, ein Stückchen Holzleiste (Spatel oder Lineal).

Vielleicht halten wir ferner einen Pinsel bereit, Wattestäbchen und ein Schälchen zum Aufschwemmen von Modelliermasse. Plastikbeutel und Alufolie haben wir sicher greifbar.
Als Werkzeug für das Umgestalten, Strukturieren und Glätten der Formen können wir viele weitere Gegenstände gebrauchen, die wir am besten in einem Karton sammeln, falls sie in unserem Haushalt nicht ihren festen Platz haben: Eierlöffel (statt Modellierhölzern), Pinselstiele, Stricknadeln, Holzzahnstocher, Medikamentenröhrchen, Tubenverschlüsse, Schrauben, Rasierklingen, Kneifzangen, Schraubenzieher, Stückchen von grobem Gewebe, Bindfaden, Draht,

*Aufgesetzte Dekorscheiben, die in Größe und Dichte variieren, sind ein interessantes Gestaltungsmittel, s. S. 37.*

Tesastreifen, Sandpapier und manches andere. Kontaktkleber ist sicher auch vorhanden.
Modellierhölzer und Drahtschlingen, die beim Gestalten mit Ton oft als Werkzeug dienen, können nützlich sein, sind aber entbehrlich.
Hinsichtlich der benötigten Lacke informiert uns das vorletzte Kapitel.

## Zur Modelliermasse

Da diese nicht antrocknen darf, sind die Packungen nach der Entnahme sofort wieder luftdicht zu verschließen. Kleinere Mengen von überschüssigem Material, die bei der Arbeit anfallen, bedecken wir mit in Wasser ausgedrückten Tüchern. Damit halten wir auch unsere Hände feucht. – Wir vergessen natürlich nicht, die Gebrauchsanweisung für das jeweilige Material zu lesen. – Benötigen wir für unsere Arbeit eine besonders geschmeidige Masse, so kneten wir ggf. das Material gründlich durch, vielleicht mit ein paar zusätzlichen Tropfen Wasser. Die Masse erträgt dann oft eine größere „Biegebeanspruchung“, bricht nicht so leicht, sackt nicht so schnell durch. Im allgemeinen ist dies nicht notwendig!

**Ein paar Grundtechniken**
(die auch für Ton gelten)

Um unsere allgemeine Geschicklichkeit im Umgang mit der Modelliermasse zu üben, formen wir zunächst kleine Schalen frei aus der Hand. Wir wollen ja vielfältig gestalten und nicht nur Gefäße einfach umkleiden.
Für den Anfang eignet sich die *Daumenschälchen-Methode.* Wir bilden aus dem Material eine Kugel von 3 bis 5 cm im Durchmesser und drücken den rechten Daumen nicht zu tief hinein. Die Kugel lassen wir dann um den Daumen kreisen, wobei die immer dünner werdende Wandung zwischen dem Daumen einerseits und den übrigen Fingern andererseits hindurchläuft. Bei dem folgenden Dehnen, Drücken und Modellieren können recht unterschiedliche kleine Schalen und Töpfe entstehen (siehe Abb. Seite 1, 5 und 18). Weit offene Schälchen lassen sich später mit ausgestanztem Loch auf schon umschichtete Flaschen aufsetzen, siehe Vase mit Studentenblumen in Orange. Hübsche Formen ergeben sich auf diese Weise, siehe auch Seite 41 und 46. Ist der Schälchenrand zu weit geworden, so läßt er sich durch Übereinanderfalten und -drücken wieder verengen. (Vgl. Text S. 18, rechts unten.)
Eine andere Möglichkeit finden wir in der sog. *Wulst- oder Röllchentechnik.* Wir rollen aus Kugeln unseres Materials lange, schmale Wülste (Rollen), die wir auf dem Rand einer Kreisscheibe – aus einer Kugel flachgewalzt – rundherum spiralförmig hochschichten. Die Form der entstehenden Vase, der sich weitenden oder verengenden Wandung, hängt z. B. davon ab, ob wir die Rollen in größer oder kleiner werdenden Kreisen nach außen oder innen verlagern.
*Die Plattentechnik bietet ein drittes Grundverfahren.* Ein Streifen bzw. Rechteck – durch Auswalzen und Schneiden entstanden – wird zu einer Röhre zusammengebogen und auf eine entsprechend große Kreisscheibe aufgesetzt. Das Zusammenfügen an den „Nahtstellen“ erfolgt unter sorgfältigem Anfeuchten (möglichst mit aufgeschwemmter Masse), Drücken und Streichen (siehe Töpfchen mit Krokus).
Diese im Bereich der sog. *Aufbaukeramik* immer schon bekannten Grundtechniken für das Gestalten mit Ton, die man auch kombinieren kann – z. B. Wülste auf ein Daumenschälchen auflegen – bedürfen keiner weiteren Beschreibung. Wichtig ist, daß wir unsere eigenen Versuche machen und uns dadurch zum selbständigen Weiterformen angeregt fühlen!
Vielleicht können wir als Geschicklichkeitsübung ein paar kleine Serviettenringe fertigen. Durch Kugeln werden Pinselstiele oder ähnliches hindurchgestochen, von beiden Seiten natürlich wegen der Symmetrie! Das Loch wird durch kreisende Bewegung so geweitet, bis wir mit einem Finger hindurchgreifen und weiterdrehen können. Die Arbeit ist gelungen, wenn wir eine gleichmäßige Wandung erreicht haben. Zwei solcher Ringe ergeben auch vorteilhafte Zierhenkel (siehe Krug in Violett auf der Titelseite: eingedrückte Ringe). Formen wir Ringe aus Streifen, so müssen die Nahtstellen gut verstrichen werden.
Unsere ersten Versuche betrachten wir nur als spielerisch und lassen uns nicht entmutigen, wenn sie noch nicht zufriedenstellend ausfallen.
Die Modelliermasse ist uns nun nicht mehr fremd. Brauchbare Ergebnisse in Form der Schälchen – mehrfach mit Klarlack ausgestrichen – sind nicht nur für kurzstielige Blüten verwendbar. Sie eignen sich auch – mit verschiedenstem Inhalt – als kleine Geschenke und Mitbringsel.

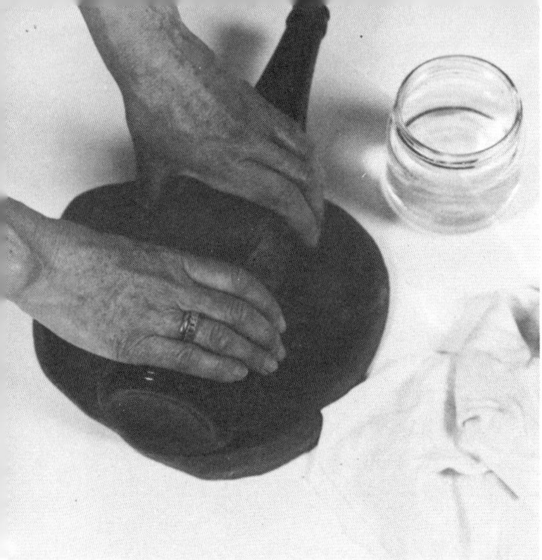

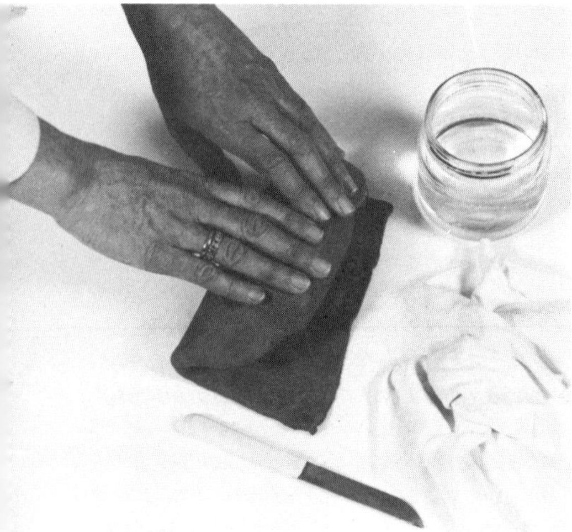

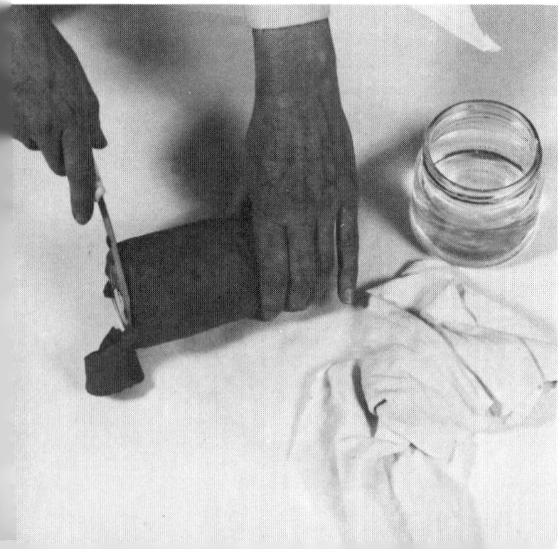

*Unser Hauptkapitel:*

# Das Ummanteln bzw. Umschichten eines Trägergefäßes

## Erste Vasen selbst gemacht

Was wir hierfür benötigen, ist bereits am Anfang des vorigen Kapitels genannt. Aus eigener Erfahrung oder zumindest vom Zuschauen kennen wir das Ausrollen von Kuchenteig. Ebenso walzen wir mit der Rolle oder Flasche unsere tonähnliche Masse auf der gereinigten Arbeitsplatte gleichmäßig dick (ca. 2,5 bis 4 mm) aus. Wir nehmen dabei unsere Finger zu Hilfe und ziehen, drücken und streichen das Material in alle Richtungen, heben es von der Platte ab, rollen es wieder usw. Das zu ummantelnde Gefäß legen wir dann darauf, umhüllen es provisorisch und schneiden das benötigte Stück in etwa zu (evtl. Randzugabe oben). Wir können auch einzelne Stücke am Trägergefäß „zusammenflikken". Das Zusammenfügen geschieht so sorgfältig, daß die Nahtstellen nicht mehr zu sehen sind. Solange das Material nicht angetrocknet ist, macht das keine Schwierigkeit. Beim Andrücken der Masse lassen sich Lufteinschlüsse (Blasen) kaum vermeiden. Wir stechen sie mit einer dickeren Nadel auf und pressen die Luft heraus. Um unser Gefäß gleichmäßig zu umschichten, arbeiten wir die überschüssige Masse – d. h. dort wo sie zu dick aufliegt – durch Streichen und Drücken von der Mitte aus nach oben und unten. Auch bei kürzester Unterbrechung bedecken wir die Arbeit – ebenso wie das abgetrennte Material – mit feuchtem Tuch.

Ist das Gefäß ganz oder teilweise zylindrisch geformt, so rollen wir es auf der Platte hin und her. Indem wir es zwischen den

Handtellern drehen und pressen, glätten wir die aufliegende Masse an den Rundungen. Damit die Vase gut steht und Unebenheiten am Gefäßboden vermieden werden, bedecken wir diesen zunächst nicht. Nach dem Trocknen können wir ihn leicht gleichmäßig mit Material überziehen. Die überschüssige Masse schneiden wir also erst einmal am unteren Rand rundherum mit dem Messer ab. Zum Ausgleichen und Glätten des Randes dient uns die Holzleiste (Lineal o. a.). Es ist einfacher, wenn wir die Vase dabei fast in Augenhöhe stellen, z. B. auf einen umgedrehten Kochtopf, und nicht kippen müssen. Beim Kippen wird der untere Rand immer wieder eingedrückt. (Auch beim später beschriebenen Strukturieren arbeiten wir leichter, wenn unsere Vase hoch steht.) Wir können uns auch kurz auf die Knie setzen.

Unsere Vase sieht niemals wertvoll aus, wenn ihr oberer Rand unordentlich gearbeitet ist. Wir schenken diesem deshalb besondere Aufmerksamkeit! Bei einer engen Öffnung (z. B. Flaschenhals) drücken wir das Material nur leicht über den Rand, jedoch nicht nach innen hinein (!) und trennen alle überschüssige Masse mit einer dünnen Nadel ab. Dies gelingt am saubersten, wenn wir die Nadel innen parallel zur Gefäßwand halten und unmittelbar am Rand entlang führen.

Ist die Öffnung weit genug, so läßt sich die Masse gleichmäßig über den Rand nach innen drücken und in der gewünschten Tiefe beschneiden, evtl. wieder mit der Nadel. – Eine „saubere Randarbeit" gelingt aber auch auf eine ganz andere Art: Wir verfahren zunächst wie bei den engen Öffnungen, drücken also kein Material nach innen, sondern trennen das überschüssige, wie beschrieben, ab. Erst nach dem Trocknen des „Mantels" setzen wir die Arbeit fort.

**Der Vorgang des Trocknens**

*Das Trocknen läßt sich im Küchenbackofen sehr beschleunigen. Bei hohen Temperaturen ergeben sich leicht größere Materialschwundrisse, besonders wenn die aufgelegte Schicht dick ist. Kleine Risse an dieser oder jener Stelle lassen sich aber kaum vermeiden. Sie sind nach dem Trocknen mühelos auszubessern, indem man ein wenig Masse hineinstreicht. Die abgebildeten Vasen wurden fast alle bei ca. 80 °C schnellgetrocknet. – Es ist empfehlenswert, die Vasen während des Trocknens zu beobachten und evtl. etwas nachzumodellieren, noch Löcher hineinzustechen, zu glätten usw.!*

**Doch zurück zu unserem Rand!** *Nach dem Trocknen oder zumindest Antrocknen der Vase bestreichen wir ihn innen ringsherum mit aufgeschwemmter Masse. Diese war schon vorher in kleiner Menge in Wasser aufzuweichen. Mit einem Pinsel tragen wir sie nun auf den inneren Rand auf, bis kein Glas mehr hindurchscheint. Der erwärmte Backofen ist hierbei auch sehr nützlich. An der immer wieder schnell erhitzten Vase*

*– wir stellen sie einige Male kurz in den Ofen – trocknet die Masse schnell an. Eine saubere Randlinie erhalten wir, wenn wir diese mit einem angefeuchteten Wattestäbchen nachziehen und das überschüssige Material abwischen.*

**Besonders dünnes Umschichten**

*Auf die beschriebene Weise können wir auch eine Vase dünn und gleichmäßig umschichten. (Später evtl. mit Mattlack besprühen!)*
*Eine weitere Möglichkeit besteht im Eintauchen des Gefäßes. Die aufgeschwemmte Masse sollte dickflüssig sein (wie dicker Pfann- oder Eierkuchenteig!). Man zerpflückt die Masse in kleine Stückchen oder schneidet sie in dünne Scheibchen, die man in einem ausreichend großen Topf – z. B. Blumenübertopf – in nicht zu viel Wasser einrührt. Möglichst einige Stunden vor Beginn der Arbeit damit anfangen und von Zeit zu Zeit umrühren. Evtl. über Nacht stehen lassen. Die beim Rühren entstehenden Luftblasen entweichen nur allmählich. Nach dem Eintauchen stellen wir das Gefäß auf Papier oder Alufolie und entfernen die ringsherum ablaufende Masse. Eventuell stellen wir es auf eine Röhre oder ein schmaleres Glas und lassen es abtropfen. Natürlich können wir den Tauchvorgang nach dem Trocknen – möglichst im Ofen – beliebig wiederholen. Ein stückweises Tauchen kann dekorative Wirkung haben und ist auch nach dem Färben der Vasen erneut möglich.*
*Wenn wir es geschickt machen, gelingt beim Tauchen ein glatter Überzug. Anderenfalls sollten wir bei gewünschter gleichmäßig dünner Beschichtung das beschriebene Streichverfahren wählen, das etwas mehr Zeit beansprucht.*

*Die Vasen auf S. 46 wurden z. T. „getunkt", z. T. bestrichen. Nach dem Trocknen wurden sie mit Schuhcreme, die es in verschiedenen, auch untereinander mischbaren Farben gibt, gefärbt und gestaltet. Werkzeug: Tuch und Wattestäbchen. Solche Vasen darf man nicht mit warmem Wasser waschen (meist auch nicht nötig!), es sei denn, sie wurden zuletzt mit Matt- oder Klarlack behandelt. Getauchte und bestrichene Gefäße – wie hier beschrieben – können wir natürlich in ihrer Form nicht oder kaum verändern. Sie eignen sich gut zum Färben und Bemalen. Das Motiv wurde mit aufgeschwemmter Masse und schwarzer Schuhcreme aufgemalt (Werkzeug: weicher Pinsel und Wattestäbchen). Die Henkel an der besonders gemütlich wirkenden Vase links, gebogene längliche „Halbmonde", wurden nach dem Trocknen abgenommen und mit Pattex befestigt. Nochmals leichtes Bestreichen mit Masse (vgl. auch hintere Vase auf Titelseite).*
Äußerst wichtig ist es, daß wir alle in die Vase hineinreichende Masse nach dem Trocknen wasserfest machen, ebenso wie den Gefäßboden, da Vasen ja nicht immer im Trockenen stehen. Siehe hierzu die Ausführungen im letzten Kapitel.
Bei späterer farbiger Gestaltung brauchen wir keine Modelliermasse auf den Vaseninnenrand zu bringen. Es genügt meist, ihn ebenso wie den Boden nur zu bemalen und mit Klarlack nachzubehandeln. Klarlack wiederum erübrigt sich bei wasserfesten Farblacken u. ä., z. B. Glasfarben.
Damit ist das Wichtigste über das Ummanteln gesagt, mit dem jeder erst einmal seine eigenen Erfahrungen machen muß. Wenn wir unsere Arbeit, unsere Finger und die Tischplatte feucht halten (nicht naß!), können wir uns die Zeit lassen, die wir persönlich brauchen!

Konnten wir mit formschönen Gefäßen arbeiten, so haben wir nun bereits hübsche Vasen, deren Oberfläche nicht einmal strukturiert oder bemalt werden muß. Die Möglichkeit dazu haben wir natürlich!
Vielleicht sind zum Abschluß dieses Kapitels noch einige Bedenken auszuräumen. Die Löcher, die wir an vielen Stellen großzügig in die Materialschicht gestochen haben, um die Luftblasen zu öffnen, mögen uns z. B. wie Schönheitsfehler vorkommen. Es ist möglich, sie nach dem Trocknen mit – evtl. aufgeschwemmter – Masse zu überstreichen. Unterlassen wir dies, so ist es meist auch kein Fehler! Ebenso wie die verbliebenen Spuren der Hand, wie feine Risse und geringe Unebenheiten oder Fältelungen erinnern sie oft nur vorteilhaft daran, daß wir es mit einer Handarbeit zu tun haben. Eine allgemeine Regel läßt sich aber nicht aufstellen. Es kommt darauf an, was für eine Vase wir uns wünschen, und dementsprechend sollten wir uns um die Form und Oberfläche bemühen. Von allen in diesem Buch gezeigten Vasen ist nur eine mit feinem Sandpapier abgeschmirgelt und geglättet worden, um das Bemalen zu erleichtern (siehe Seite 42). Im allgemeinen genügt es, störende Unebenheiten mit Masse zu verstreichen (Spachteln) oder mit einem Küchen- oder Taschenmesser (auch Rasierklinge) zu entfernen.

## Unterschiedliche Vasenformen selbst entwickeln

Sicher möchten wir nun verschiedenste Möglichkeiten der Formgebung kennenlernen. Wer sich lieber zuvor – oder zwischendurch, was sehr zu empfehlen ist – mit der Oberflächengestaltung durch Struktur und Farbe befaßt, schlägt das vorletzte Kapitel auf. Dort finden sich auch für leichte Arbeiten wieder viele Anregungen.
Die geringste und meist einfache Formveränderung besteht im *Auflegen (Applizieren) von Dekorelementen,* d. h. jeder Art von Streifen, Scheibchen, Zierplättchen, Hörnchen usw. Sie können u. a. als Blüten und Schlaufen gestaltet sein. So entstehen originelle Vasen unterschiedlichsten Aussehens, siehe Seite 3, 8, 11, 16, 17, 21, 37 u. a. Wir achten darauf, daß aneinanderzufügende Teile – z. B. Vasenwand und Dekorelemente – stets feucht genug sind. Es genügt nicht, eine schon getrocknete Vasenwand kurz mit Wasser zu bestreichen. Durch wiederholtes Anfeuchten und Auflegen eines Alufolienstreifens, der gut haftet und das erneute Antrocknen verhindert – natürlich auch durch feuchte Läppchen – können wir das Material wieder ein wenig aufweichen. Die aneinanderzufügenden Teile können noch zusätzlich mit einer dikkeren Nadel aufgerauht werden. Günstig ist es, etwas aufgeschwemmte Masse zwischen die Teile zu bringen.

*Zierhenkel,* die unsere Gefäße ebenfalls in einfacher, aber äußerst wirkungsvoller Weise verändern, werden genauso angebracht. Sie sollen mit etwas größerer Fläche aufliegen! Zierhenkel sind natürlich nicht unbedingt zum Anfassen da, wenn ein mit Wasser gefüllter schwerer Krug zu tragen

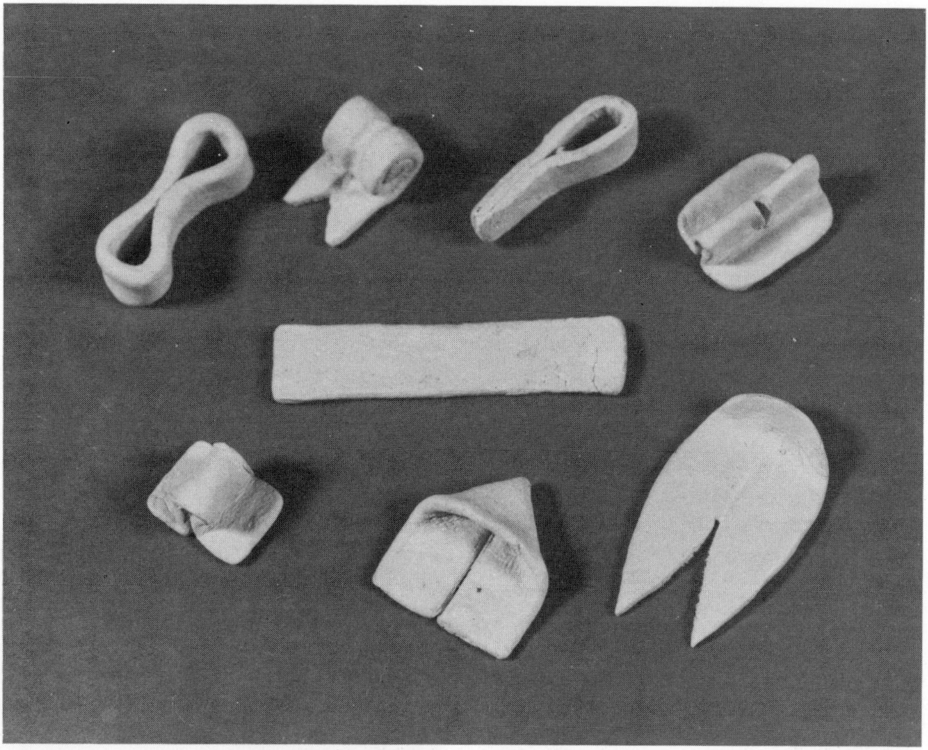

ist. Evtl. verwenden wir einen Kontaktkleber nach dem Trocknen. – Die unterschiedlichsten Zierhenkel lassen sich z. B. aus Streifen und Ringen bilden, siehe Bilder Seite 5, 39, 44 (auch andere Formen sind möglich) sowie Krug in Violett auf der Titelseite.

*Solide Henkel zum Tragen* sind auch nicht schwer zu arbeiten. Man fertigt einen Unterbau aus Draht, der stark genug sein muß und evtl. doppelt oder mehrfach genommen wird. Der Drahthenkel wird ebenso umkleidet wie das Gefäß. Durch Tesastreifen läßt sich das Verrutschen des Drahtes auf der Glasfläche verhindern (siehe den gelben Krug auf der folgenden Seite).

*Modellierendes Gestalten* ermöglicht beliebige Formveränderungen, setzt aber meist etwas Geschick voraus. Die weiße Vase mit Kugelteil, Höhe 16 cm, ist ansprechend und nicht zu schwierig. Eine Kugel wurde vorgeformt, ein „Tunnel" hindurchgedrückt und ein schon beschichtetes, vorgetrocknetes Glas in schmaler Zylinderform hineingearbeitet. Am Gefäß wurde die Kugel nochmals modelliert und gerundet. Der obere Vasenrand wurde mit Dekorelementen gestaltet (siehe Text Seite 14).

Diese bestanden zunächst aus längeren Rechtecken (aus gewalzter Masse gleichmäßig geschnitten und sofort mit feuchtem Tuch bedeckt). Eine Stricknadel wurde jeweils parallel zu den langen Seiten mitten auf das Rechteck gelegt; die Seiten wurden hochgeschlagen, ebenfalls parallel. Statt der Rechtecke können auch Dreiecke passend sein, vgl. Vase Seite 11. Mit der Stricknadel erfolgte dann das Aufsetzen. Die Nadel konnte nach oben leicht herausgezogen werden. Diese Dekorteile halten sich

nicht nur auf der Gefäßwand, sondern auch aneinander.
Das gilt ebenso für die zu einer Fläche verbundenen Teilchen der „Terrakotta"-Vase. Feine, möglichst lange Streifen wurden einmal nach der einen Seite aufgewickelt (Röschen-Wirkung), dann wiederum nach der anderen Seite. Unter Zuhilfenahme eines Pinselstiels wurden sie aufgesetzt. Dabei ergaben sich die an ein Labyrinth erinnernden Linien. Diese 11 cm hohe Vase ist äußerst vielseitig verwendbar und paßt zu kahlen Zweigen ebenso gut wie zu einem üppigen Sommerstrauß.

*Auf Füßen* können Schalen und Vasen von geringer Höhe mit rustikaler Struktur originell aussehen, besonders wenn sie für ausgefallene Gestecke und für Trockenblumen Verwendung finden. Drei Füße sehen manchmal besser aus als vier. Man kann auch Stege oder ein Kreuz darunter setzen. (Keine Abbildung.)
Durch das Aufbringen von *„Wandverstärkungen"* (Wandteilen, Streifen) ergeben sich viele einfache Möglichkeiten der Profilgestaltung. So können die Vasen im oberen oder unteren Teil oder in der Mitte rundherum eine dickere Wand bekommen, wobei wir die Proportionen selbst bestimmen. Natürlich lassen sich die aufgelegten Wandteile weiter bearbeiten.
Interessante zusätzliche Gestaltungen sind wiederum mit Dekorelementen möglich. Bei der urigen grünen Vase wurden am unteren Rand der „Wandverstärkung" Schlaufen appliziert. Sie wurden ebenso geformt wie jene, die den Rand der blauen Vase, Seite 45, verzieren, andersherum allerdings. Wollen wir die Schlaufen nachbilden, so stellen wir uns zwei übereinandergeschlagene und angezogene (= herangezogene) Beine vor. Wir legen zwei längere Röllchen aus Model-

liermasse zunächst parallel aneinander und bilden die Schlaufen nach dem Kreuzen (Übereinanderschlagen). Die vier zusammenlaufenden Enden können wir dann beliebig formen und zurechtschneiden. Die plastische Wirkung ist äußerst dekorativ.

Bei manchen Gefäßen genügt das *Aufsetzen eines Wulstringes,* um eine gefällige Form zu schaffen. Diese wird bei der 14 cm hohen weißen Vase durch die einfache Strukturierung noch vorteilhaft betont. Die senkrechten Rillen des Hauptteils wurden mit einer Stricknadel eingedrückt. Der Rand wurde von oben teils mit einem Messer eingekerbt, teils – jeweils dazwischen – mit einem Pinselstiel.

*Eine aufgelegte Kreisscheibe* – ziemlich massiv – mit ausgestanztem Loch bestimmt die Form der kleinen mit nicht wasserlöslicher Malkreide bemalten Vase (rechts mit Forsythien). Die Strukturierung erfolgte mit einer Rasierklinge. Sicher erkennen wir die eingeschnittenen Linien! Die Wandschicht des Trägergefäßes sollte nicht zu dünn sein, damit der Aufsatz gut haftet.

*Mit aufgesetzten Schälchen* (siehe Daumenschälchen-Methode, Seite 9) lassen sich anmutige Vasen arbeiten, siehe Bilder Seite 7, 41, 48. Nach dem Aufsetzen des mit einem Loch versehenen Schälchens ist dieses nochmals nachzumodellieren und in der Form harmonisch auf

das tragende Gefäß (am besten eine Flasche) abzustimmen. Gefäß nicht zu dünn umschichten (vgl. voriges Beispiel)!

*Vase mit Faltenwurf.* Hierfür sind runde, bis zu 10 cm hohe Gefäße mit nicht zu großer Öffnung geeignet. In eine ca. 3 mm dick ausgewalzte Kreisscheibe (Durchmesser etwas mehr als 2 x die Vasenhöhe) drücken wir ein kleines Loch. Die Scheibe bleibt auf der Arbeitsplatte liegen, während wir rund um das Loch herum, dieses dabei erweiternd, einen Rand von ungefähr 1 cm Höhe hochziehen. Der Rand soll in die Gefäßöffnung hineinpassen. Das Gefäß stellen wir dann, umgekehrt natürlich, darüber und drehen es mit der nun zum Aufliegen kommenden Scheibe vorsichtig um. In Falten ist das Material am unteren Rand anzulegen. Diese Vase kann wie ein Baumstumpf mit üppigem Wurzelwerk aussehen.

Schmale Gefäße, die sich oben selbst *wie Blüten öffnen,* bringen, ebenso wie die Daumenschälchen-Vasen, einzelne Zweige und Blumen gut zur Wirkung.
Einfach zu arbeiten und interessant in der Wirkung ist die Vase auf Seite 22. Zunächst wird nur der obere Rand eines schmalen Gefäßes beschichtet. Antrocknen lassen! Dann wird der „Mantel" aus der ausgewalzten Modelliermasse in zwei gleichen Teilen zugeschnitten. Das Bild läßt den Umriß gut erkennen. Man denke an den Schnitt eines schlichten Nachtkleides mit kurzen, breit angeschnittenen Ärmeln. Der sich weitende Teil geht oben über den Gefäßrand hinaus. Darum sind gut 2 cm in der Höhe hinzuzugeben. Die untere Breite des Zuschnitts entspricht dem halben Vasenumfang. Es ist nicht schwer, die beiden Teile um das Gefäß herum zu modellieren, zu beschneiden und eine gefällige Form zu schaffen. Die seitlichen „Läppchen" wurden unten wieder etwas auseinandergezogen.
Ein anderes Beispiel ist jene weiße Vase (Bild auf Seite 4), bei der drei ausgewalzte Kreisscheiben – übereinanderlappend – von innen nach außen drapiert wurden.
*Nochmals zu den Streifen:* Aus gleichmäßig umschichteten Gefäßen können wir sie nach leichtem Antrocknen auch herausschneiden (Schnittlinien nach dem Ummanteln sofort eindrücken!) und, wenn wir wollen, durch dickere Streifen ersetzen. – Bei dem urwüchsig derben Krug (s. S. 39 unten links) wurde ein deutlich stärkerer Streifen bzw. Ring eingelegt. Er übertraf an Länge den Vasenumfang um einige Zentimeter.

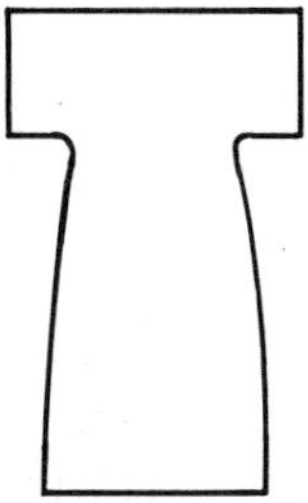

Diese überschüssigen Zentimeter wurden an zwei gegenüberliegenden Stellen zusammengedrückt, löffel- oder ohrenartig herausgekippt und zu originellen Henkeln modelliert.
Der lustig wirkende kleine Krug ist ein Beispiel spielerisch-individuellen Gestaltens!
Bei der breiteren Vase oben rechts wurden Streifenstücke eingelegt. Diese wurden vorher mit zwei parallel gelegten Einschnitten – mit spitzem Messer – versehen und dann in der Länge etwas hoch-, in der Breite leicht auseinandergebogen. Die „Nahtstellen" wurden durch das Strukturieren mit Nadeleinstichen unsichtbar. – Bei dem höheren Vasenmodell, das mit Ikebanakompositionen besonders hübsch aussieht, sind solche Streifenstücke aufgelegt worden. Die ovalen Scheibchen verbergen hier die Nahtstellen.

Durchaus nicht so schwierig, wie sie aussieht, ist die Arbeit der sehr reizvollen und beliebten kleinen Vase in Weiß. Wir wählen ein möglichst zylindrisches Trägergefäß und beschichten es nicht zu dick. Die Form entsteht erst durch den äußeren, aus 6, 7 oder mehr Teilen zusammenzusetzenden „Mantel“. Dabei handelt es sich um ausgewalzte Stücke, die der Umriß rechts in etwa angibt. In der Höhe entsprechen sie dem Trägergefäß. Jedes der Stücke wird im oberen Teil in der Breite gedehnt und in zwei offenen Falten – Bögen (!) – an die feuchte

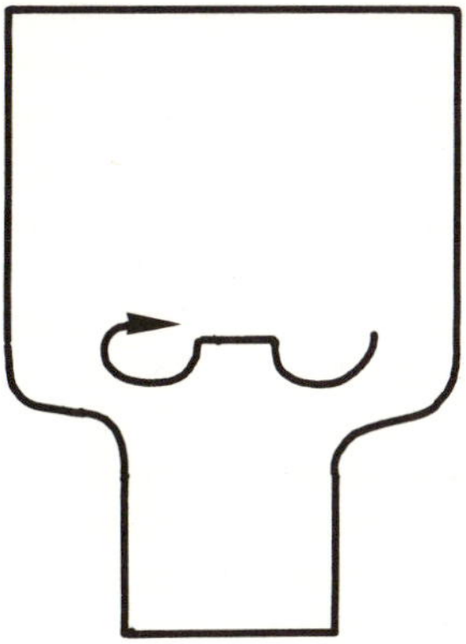

Gefäßwand gebracht. Das Andrücken geschieht oben links jeweils mit einem Umschlag zur Gefäßwand hin, wobei sich schon die linke Falte bildet. Schauen wir das Bild genau an! Es ist auch leichter, als die Anweisung klingt. In der Mitte und rechts – dazwischen entsteht jeweils die zweite Falte – wird der obere Teil des Elementes einfach in senkrechten Bahnen angedrückt, also nicht nochmal umgeschlagen. Auf den rechten Rand bringen wir bereits den „Umschlag" des nächsten Elementes. Bevor der untere Teil fest an das Gefäß gedrückt wird, achten wir darauf, daß die Falten in schöner Rundung herauskommen. Wir arbeiten also von links nach rechts. Sollten wir am Ende für ein Element mit zwei Falten nicht mehr genug Raum haben, so formen wir eins mit nur einer Falte.

Vielleicht erinnern uns die robusten Modelle in ihrer Wirkung an *Steinmetzarbeiten.* Die beiden kleineren entstanden nach zweimaligem Umkleiden von Gläsern, die oben absatzartig verengt waren (Schraubverschluß). Der Absatz wurde beim ersten Umschichten rundherum mit Modelliermasse ausgefüllt, wobei sich die Formen von Kegelstümpfen ergaben. Nach dem Antrocknen der unteren Schicht und dem Auflegen einer zweiten erfolgten die Einschnitte mit

*Hier sehen wir die mittelgroße Vase, jetzt weiter bearbeitet mit scharf herausgeschnittenen Bahnen und in gelbbrauner Tönung. Die hohe Vase bekam zunächst im oberen Teil eine Wandverstärkung. Eine schlichte Modellierarbeit folgte: Eindrücken des rechten Daumens, während die Vase gedreht wurde. Ausschwingend geformter Rand oben!* ▶

einem spitzen Messer. Bei der kleinsten, einer 8 cm hohen Vase, wurden mit einer gebogenen Rasierklinge – mit beiden Händen geführt – breite, flachrunde Bahnen von oben nach unten herausgeschält. – An der großen Vase wurde nach dem Umkleiden nur der obere Teil frei modelliert. Die Linien sind hier mit einer dicken Nadel eingedrückt. – Diese recht klobigen Formen, die auch verwitterten Steinen ähneln, besonders wenn wir sie entsprechend abtönen oder aufgeschwemmte Masse auftupfen, passen mit ihrem elementaren Charakter in einen „natürlichen" Rahmen, z.B. auf Fensterbänke zwischen grüne Pflanzen und Steine. Warum sollte nicht dieses oder jenes Modell *abstrakten Skulpturen* ähneln. Wenn es gelingt, wirken einfache Zweige äußerst reizvoll darin.

Die urtümliche, weiß belassene Vase (s. S. 27) entstand folgendermaßen: ein fast zylindrisches Gefäß wurde mit einem röhrenförmigen „Mantel" umhüllt, doppelt so hoch wie es selbst. Oberhalb des Gefäßes wurden die gegenüber liegenden Wandteile zusammengedrückt. In diese miteinander „verschmolzenen" Teile wurde das Loch hineingearbeitet. – Wollen wir die Vase nachbilden, so verstärken wir schon beim Auswalzen des Mantels ein wenig jenen Teil, der über dem Gefäß zunächst geweitet, dann – auf kreisrunder Fläche – zusammengedrückt und mit dem Loch versehen werden soll. Rechts und links vom Loch ist jeweils der Durchgang nach unten zum eingehüllten Glas offenzuhalten. Die kleinen Brüche, Risse und Falten, die entstehen, tragen zu dem urigen Charakter des Modells bei, können aber auch verstrichen werden, besonders im Falle einer Bemalung, siehe Abb. S. 43. Vasen dieser Art sind nur für trockene Zweige oder Blumen verwendbar.

Recht elementar wirken auch die beiden zu

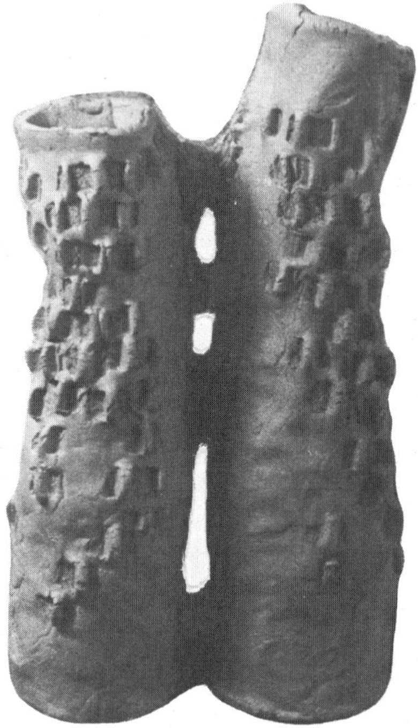

einem Modell verbundenen Gefäße. Daß hier *randbeschichtete* kleine Weinflaschen eingehüllt worden sind, ist nicht erkennbar. Die Umkleidung wurde aus einem Rechteck gearbeitet, in das die Flaschen eingeschlagen wurden. Die Nahtlinie – senkrecht zwischen den Flaschen verlaufend – wurde mit dem gegenüberliegenden Teil der Wandung verbunden. Nach dem Zurechtschneiden und Formen im oberen Bereich konnte die Mitte gestaltet werden: Herausstechen der Zwischenräume, so daß die Vasenteile nur noch durch Stege zusammenhingen. Zu dieser Arbeit gehört etwas freies Modellieren. Sicher würde die Wirkung langweilig sein, wären die Flaschen nur einfach und in gleicher Höhe ummantelt worden. Die Struktur dieser im Terrakottaton warm wirkenden Vase wurde mit einer Kneifzange hergestellt.

Die blau-braune Vase auf der Umschlag-Rückseite und die Vase auf S. 22 wurden mit einer schmalen, 18 cm hohen Röhre (Flasche) als zentralem Standgefäß – mit zuvor bebeschichtetem Rand – hergestellt. 2 Rechtecke waren zuerst aus der ausgewalzten Masse zugeschnitten worden, das zweite etwas länger als das erste, das als Mantel für das Standgefäß diente. Nach dem Trocknen des umkleideten Standgefäßes wurde jeweils in das feucht gehaltene zweite Rechteck in der Mitte ein Loch hineingedrückt und von diesem her ein kleiner Rand hochgezogen. Das umrandete Loch wurde so geweitet, daß das Rechteck über das Standgefäß zu streifen war. In halber Höhe wurde es daran befestigt und rechts und links nach oben zur Röhre geschlossen. – Bei der Vase auf Seite 22 wurden beide Teile oben an die Standröhre heranmodelliert.

Im anderen Fall (vgl. Umschlag-Rückseite) wurde ein Teil nach unten gebogen. Es handelt sich um eine Modellierarbeit, die kaum in allen Schritten beschreibbar ist, zumal der Ablauf durch den eigenen Formsinn mit bestimmt wird. Die Nahtlinie wurde nach dem Trocknen durch zusätzlich aufgetragene und strukturierte Masse verdeckt (siehe Text S. 40). Nicht zuletzt erhielt die Vase ihr urwüchsiges Aussehen durch die besondere Struktur und Farbe. – Bei diesen beiden Modellen ist jeweils nur das Standgefäß mit Wasser zu füllen. Wer schon einige Geschicklichkeit entwickelt hat, kann sich an solche Arbeiten wagen, die sicher bei jedem ein individuelles Gepräge haben werden. Siehe auch das Kapitel „Nützliche Hinweise"! Notfalls helfen Stützgerüste aus Drahtgeflecht u. a.

Auch eine *Wandvase* dürfte von Interesse sein! Ausgefallene, selbst bizarre Formen eignen sich dafür ebenso wie konventionelle und sind nicht unbedingt schwer zu arbeiten. Unser Werk muß nicht aussehen wie das fünfteilige Modell, das als Wand- und Standvase brauchbar ist. Fünf unterschiedlich große Röhren wurden dabei vorgeformt und – aufliegend auf der Arbeitsplatte, damit sich rückseitig eine Ebene für das Hängen an der Wand ergab – aneinandermodelliert. Wünschen wir uns später frische Blüten an der Wand, so können wir ein oder zwei Glasröhren einarbeiten. Mehr würden wohl zu schwer. Ein mehrfacher innerer Lacküberzug ist statt dessen auch möglich. Bei Ikebanakompositionen lassen sich frische Blüten durchaus mit Getrocknetem kombinieren.

*Aus dem üblichen Rahmen von Blumengefäßen fallen gewiß die Waldvögel (Eule, Taube, Ente), die hier nur als Beispiele für weitere Gestaltungsmöglichkeiten dienen sollen. Diese Formen wurden um Gläser herum modelliert. Haben wir keine geeigneten Gefäße, so modellieren wir völlig frei und bestreichen das Innere mehrfach mit Klarlack. Krüge und Vasen in interessantesten Tier- und Menschengestalten brachten viele der alten Kulturen hervor (Südsee, Mexiko, Altperu u. a., um nur einige zu nennen). In Völkerkundemuseen finden wir schöne Beispiele.*

## Nützliche Hinweise

Beim Lesen des Textes kommt es darauf an, das Wesentliche zu verstehen. Das ist wichtiger als das genaue Einhalten der angegebenen Arbeitsabläufe, da sie nicht unbedingt nachvollzogen werden, sondern vor allem als Anregungen dienen sollen.
Fertigen wir Vasen in mehreren Arbeitsgängen, so ist ein zwischendurch erfolgendes Trocknen (Antrocknen wenigstens) oft sinnvoll. Angetrocknete Teile werden beim weiteren Gestalten nicht mehr verformt. Neu zu befeuchten sind dann die Stellen, auf die noch Material aufgebracht wird. Sollte nach dem – möglichst anleitungsgemäß erfolgten – Aneianderfügen von Teilen (Gefäß – aufzusetzendes Schälchen, Vasenwand – Dekorelelmente oder Zierhenkel u. a.) die Verbindung nicht fest genug sein, so benutzen wir nach dem Trocknen einen guten Kontaktkleber. Die Ausführungen auf Seite 14 beachten wir besonders.
Wollen wir große Vasen arbeiten – sogar für Bodenvasen lassen sich Gläser finden –, so beschränken wir uns am besten auf das Gestalten mit „Wandverstärkungen“, Streifen und Dekorelementen. Die Möglichkeit des Strukturierens und Bemalens ist natürlich immer gegeben. So können wir unterschiedlichste originelle Stücke schaffen. Bei großen Gefäßen ist das Bestreichen mit Material besonders empfehlenswert (vgl. Seite 12).
Falls wir schon als Anfänger „die ungewöhnliche Form“ bevorzugen, wählen wir zunächst lieber kleinere Formate! Die blaubraune Vase (Umschlag-Rückseite) hat eine Höhe von 18 cm. Andere Formen können niedriger sein. Besonders wenn die Gefahr des Durchsackens von Materialteilen besteht, haben wir kleinere Formate besser im Griff. Bringen wir später mehr Zeit und Geduld auf, so können wir Stützgerüste aus Drahtgeflecht, Papier u. a. aufbauen oder die Vase bis zum Trocknen mit stützenden Gegenständen umstellen.
Für anspruchsvolle Arbeiten muß das Material manchmal besonders biegsam sein. Ein vorausgehendes gründliches Durchkneten – evtl. mit einigen Tropfen Wasser – ist zu empfehlen. Im allgemeinen kann man darauf aber verzichten. Mit einem Fön können wir das „Ansteifen“ der Formen beschleunigen.
Erscheint uns unser Werk nach getaner Arbeit ganz und gar oder zum Teil als mißlungen, so ist oft eine Rettung möglich: z. B. mit aufgeschwemmter Masse, die sich natürlich auch färben läßt. Sie wird am besten mit weichem Pinsel aufgetragen. Wir können die Vase auch ganz oder teilweise „tunken“. Die Farbe und Struktur der gesamten Vase ist leicht zu verdecken, der obere Vasenrand nach- oder neu zu gestalten. Unsere eigene Phantasie wird uns weiterhelfen!

## Die Behandlung der Vasenoberfläche

### Strukturieren, Bemalen, Lackieren

Wiederum eröffnet sich eine unerschöpfliche Mannigfaltigkeit des Gestaltens. Da die Kombination von Struktur und Farbe oft besonders schöne Wirkungen ergibt, werden sie in diesem Kapitel zusammen behandelt.
Bei der Anschaffung von Farben können wir uns Zeit lassen. Sicher besitzen wir noch irgendwelche Farben, die sich für unsere ersten Versuche eignen. Und zunächst kommen wir sogar ohne sie zu ansehnlichen Ergebnissen: Vasen im warmen Ter-

rakotta-Ton, in Weiß oder hellbraun getönt (mit konzentriertem schwarzen Tee oder mit Patina) können sehr reizvoll sein. Sogar farbige Schuhcreme ist geeignet (siehe Seite 12).
Blumengefäße stehen nicht immer im Trokkenen. Deshalb bestreichen wir außer dem Innenrand auch den Boden mit Klarlack! Damit wir die Vasen feucht abwischen können, ohne Material oder Farbe „mitzunehmen", besprühen wir sie am besten kurz mit Mattlack-Spray. (Evtl. leichtes Nachdunkeln.) Paßt intensiverer Glanz zu einem Vasenmodell, so überziehen wir es ganz mit Klarlack.
Viele Farben trocknen fast wasserfest an oder lassen sich im Küchenbackofen einbrennen, wofür wir im allgemeinen 130 °C einstellen, Dauer ca. 30 Minuten. Dies gilt z. B. für Plakat- und Stoffarben. Mit letzteren wurden viele der abgebildeten Modelle matt gestaltet. Auch mit nicht wasserlöslischen Malkreiden bemalte und evtl. nachpolierte Vasen – sie können ebenfalls mit etwas

Terpentin abgetupft werden – sind ohne Behandlung mit Lack später feucht, nicht warm, abzuwischen. Vorsichtshalber überziehen wir Boden und Innenrand auch hier mit Klarlack. Letzterer erübrigt sich bei den wasserfesten, glänzenden, ebenfalls einbrennbaren Transparent- und Emaillack-Zierfarben sowie bei Kaltemail und Farbschmelzpulver. Echte Acrylfarben trocknen wasserfest an. Am besten macht man eine Probe. Bastelfarben eignen sich sehr gut.
Mit Tee, Patina oder brauner Schuhcreme kann man nicht nur weiße Vasen hellbraun tönen, sondern auch in Verbindung mit Farbe – vor allem nach dem Bemalen aufgetragen – oft günstige Wirkungen erzielen: gedämpfte Farben, rustikale Effekte! Eine interessante Musterung ergibt sich auch, wenn wir Teeblätter nach kurzem Aufkochen in wenig Wasser auflegen und die Vase in Alufolie einwickeln.

Bei Gebrauch der sehr empfehlenswerten und vielseitig verwendbaren, nicht wasserlöslichen Malkreiden benötigen wir oft noch Terpentinersatz zum Vermalen der Farbe und Säubern der Pinsel und Hände. Vielseitig verwendbar, sogar für Stoffmalerei, sind Stockmar-Wachsfarben; es gibt sie in 24 Farbtönen. Jaxon, Caran d'Ache u.a. Malkreiden werden ebenfalls in vielen Tönen angeboten, auch einzelne Stifte.
Benzin brauchen wir für die Reinigung bei Emaillack-Zierfarben, Aceton im Zusammenhang mit Klar- und Mattlack.
Fixativ-Spray ist nützlich, falls Farben, die nachträglich mit Lack überzogen werden sollen, zum Auslaufen neigen (manche Malkreiden, Filzstiftfarben u.a.). Vielleicht kommt es darauf an, die klaren Konturen einer schönen Malarbeit zu erhalten (siehe Gefäß mit Kerze). Möglichst machen wir dann eine kleine Lackprobe mit unseren Farben, die wir auf Papier – dicht nebeneinander gemalt – trocknen lassen. Laufen sie bei Berührung mit dem Lack auseinander, so hilft ein vorausgehendes Ansprühen von Fixativ-Spray.
Die Gebrauchsanweisungen der zu verwendenden Produkte beachten wir stets!

*Als Werkzeug für unsere Malarbeit* benutzen wir Pinsel verschiedener Art, Wattestäbchen, Schaumgummi, Lappen, Haushaltskrepp. *Gegenstände zum Strukturieren* haben wir schon gesammelt, siehe Seite 6.

Zunächst wollen wir vielleicht schlichte Vasen einfach bemalen. Bei glatten Gefäßen sollten wir es im allgemeinen vermeiden, einen einzigen Farbton dick aufzutragen (vgl. hierzu auch das Nachwort). Anders ist es, wenn wir die bemalte Fläche nachträglich mit weiterer Farbe beleben, z.B. hellere oder dunklere Malkreide „aufstricheln", was schon zu recht befriedigenden Ergebnissen führt. Ein dezentes Streifendekor kann u.a. gefällig wirken, siehe Seite 11. Malkreide ist auf fast alle Farben und Lacke leicht nachträglich aufzubringen und eignet sich damit sehr für *Korrekturen, Verbesserungen, belebende Effekte.* Andere Farben sind aber ebenfalls verwendbar.
Eine angenehm-lebendige Wirkung erreichen wir bei schlichten Vasen auch, wenn wir den Untergrund, der vorgetönt sein kann, durch eine unterschiedlich dicke Farbschicht teilweise hindurchschimmern lassen, ebenfalls wenn wir zwei oder mehr Farbschichten übereinandertupfen, z.B. mit Schaumgummi. Flüssige Farbe läßt sich gut mit zusammengefaltetem Tuch oder Haushaltskrepp dünn aufwischen. Die blaue Vase auf Seite 31 wurde so mit Stofffarbe koloriert. Erhitzung auf 130 °C. Man

hätte auch blaue Malkreide auftragen und mit Terpentin verteilen können. Siehe ferner die schwarzblaue Vase daneben.
Besondere Erwähnung verdienen die Transparent-(Glas-Dekorations-)Farben – z. B. Deka –, da man mit ihnen leicht glasurähnliche Effekte erzielt. Mischungen z. B. aus Altweiß, einer Spur Braun und Schwarz (Konturenfarbe) sowie „Verdünner" – auf heller Fläche aufgetragen – eignen sich für viele Vasentypen und passen zu fast allen Blumen. Nicht zu dick aufgestrichen – möglichst mit etwas Verdünner vermischt –, ergeben diese Farben einen sanften Glanz (vgl. helle Vase auf Titelseite). Hier wurden die gewollten Risse – durch unregelmäßiges „halbes" Eindrücken eines Röhrchens entstanden – vorher braun gefärbt. Empfehlenswert sind u. a. hellere und dunklere Mischungen aus den genannten Farben und ihre Kombination. – Siehe ferner die blaue Vase, bei der Transparent-Farbe Dunkelblau, Altweiß und Verdünner verwendet wurden. Mit in Verdünner angefeuchteten Wattestäbchen wurden die Kreise aus der blauen Fläche herausgewischt; der Terrakotta-Untergrund kam zum Vorschein, S. 33.

Selbstverständlich wirken unsere Vasen lebendig genug, wenn wir auf zunächst einheitliche Farbflächen noch Muster oder Motive aufmalen, oder wenn wir es mit strukturierten Flächen mit erhabenen und vertieften Partien zu tun haben. Auf erhabene Teile kann man leicht jede Art von Farbe aufbringen, ohne daß sie in die tieferen – vielleicht schon anders gefärbten – Partien eindringt. Eine Möglichkeit ist, die Vasen auf dünn ausgestrichener Farbe – z. B. auf Alufolie – einfach abzurollen. Man kann auch Farbe in die vertieften Regionen einfließen lassen. Oder man färbt zunächst die ganze Vase und wischt die Farbe anschließend wieder ab, wobei sie in den tieferen Teilen verbleibt. Von Fall zu Fall mag eine andere Methode geeignet erscheinen. Die Wirkung der Struktur wird durch die Farbe verstärkt.
Eine feine Farbverteilung erhalten wir, wenn wir auf Alufolie ausgestrichene Farbe mit Schaumgummistückchen abnehmen und leicht auf der Vasenfläche abdrücken. In zwei Schichten – blau und violett – auf weißem Grund wurde so die schon mit einem eingeprägten Muster versehene Vase „betupft". In die gelb-braune Vase daneben waren die Linien ebenfalls gleich nach dem Umschichten hineingedrückt worden. Sie wurden teilweise in Braun nachgezogen. (Man fühlt sich an altes Mauerwerk und Holzverschläge erinnert.)
Bei dem gelben Krug mit festem Henkel (Drahtunterbau), s. Titelseite u. S. 16, diente eine Stricknadel zum Hineinziehen der Linien (vgl. „Terraokotta"-Krug, Seite 1).
Das Bemalen ist bei solchen vorgegebenen Linien leicht. Wir brauchen ihnen nur mit dem Pinsel oder der Malkreide zu folgen bzw. die umgrenzten Felder mit Farbe auszufüllen. Bei der roten Vase wurden die Linien (z. T. Eindrücke mit Medikamentenröhrchen) mit schwarzem Filzschreiber nachgezogen.

Die Vase in Blau-Beige erhielt ringsherum in mehreren Reihen „Eindrücke" mit einem Löffelstiel. Das rustikale Bild der Vase gelang mit Malkreiden in Braun, Umbra, Hell- und Dunkelblau sowie mit Terpentin zum leichten Vermalen (Wattestäbchen).
Eine „Führung" für die Farbgestaltung haben wir nicht nur durch Strukturen und eingedrückte Linien, sondern auch durch aufgelegte Dekorelemente. Bei dem Kerzenhalter, der ebenso als Vase dienen kann, siehe Seite 31, wurden die Ränder der aufgelegten Dekorscheibchen mit blauem Filzstift nachgezogen. Der Rest des Musters war leicht dazwischenzumalen. (Evtl. Fixativ-Spray verwenden.)
Natürlich können auch strukturierte Dekorelemente auf Farbe abgerollt werden, so daß diese an den erhabenen Partien haftet. Der Rand der weißen Vase wurde mit blütenartigen Scheibchen verziert. Strahlenartige Eindrücke mit dicker Stopfnadel! Die

Scheibchen wurden oben etwas in die Länge gezogen und sozusagen über den Rand gehängt, in noch feuchtem Zustand natürlich. Die Vase wurde zuerst mit Zieremail-Lackfarbe weiß gefärbt und nach dem Einbrennen mit schwarzer Stoffarbe übermalt, oben abgerollt. Letztere wurde im mittleren Teil rundherum wieder abgewischt, so daß nur Spuren verblieben. Auf das Schwarz der Blütenscheibchen wurde noch etwas Goldgelb aufgetupft, so daß die Vase ein wärmeres Aussehen bekam. Nochmalige Erhitzung im Ofen. Man kann auch andere Farben verwenden.

Bei der braun-weißen Vase auf Seite 8 wurden kleinere auf größere Kreisscheiben aufgesetzt und erhielten in der Mitte mit dem Glasköpfchen einer Stecknadel eine Vertiefung. Die sich ergebende reliefartige Struktur half auch hier bei der Farbgestaltung: Abrollen auf dünn ausgestrichenem Braun. Mit einem flachen Pinsel wurde

etwas nachgeholfen, und durch ein wenig Schwarz gewann die Vase an Ausdruck.
Beispiele für die Kombination von Struktur und Farbe sind ferner der braune Topf, S. 39, und die ansprechende kleine Vase in Blau mit den gelben Blumen, Seite 3. Bei letzterer sehen wir oben mit einer Stricknadel strukturierte Dekorelemente, unten nur eine Linienstruktur. Farben: Weiß auf Blau auf Patina (oder Teekonzentrat).

*Zum Strukturieren* läßt sich zusammenfassend folgendes sagen: Als Werkzeug dienen uns die unterschiedlichsten Gegenstände. Indem wir sie in die Modelliermasse eindrücken, schaffen wir Strukturen und Muster in unbegrenzter Vielfalt. Auf einfache Weise wurde so auch die mittelgroße Vase auf Seite 18 gestaltet. Eindrücke mit einer Stricknadel. Bemalung: Weiß auf Violett.
Schöne Ergebnisse erzielen wir oft mit dem schlichtesten Werkzeug (unsere eigenen Fingernägel eingeschlossen). Die Struktur von Gewebe, Sackleinen u. a. läßt sich auf die Masse übertragen. Feine Linien schneiden wir mit der Rasierklinge ein. Mit dicht aneinandergesetzten Nadelstichen ist die Oberfläche aufzurauhen. Reizvoll urwüchsige Strukturen schafft z. B. die Kneifzange, siehe Seite 26.
Eine für Vasen recht hübsche und auch farblich leicht zu gestaltende Struktur ergibt sich, wenn wir mit einem Pinselstiel Löcher in die Materialschicht hineindrehen, sozusagen „hineinrühren". Sichtbar werdendes Glas stört nicht, kann aber mit Farbe verdeckt werden. Um die Löcher herum entstehen erhöhte Ränder, die auf Farbe abgerollt werden können. Braun auf Schwarz paßt gut zu dieser Struktur. Das blauweiße Modell zeigt eine andere Farbkombination. Siehe auch die etwas andersartige „Löcherung" der grüngelben Vase auf Seite 48 (zunächst mit einer Nadel strukturiert, dann gelöchert, zuletzt ganz mit Klarlack überzogen).

*Die Henkel des Modells links wurden aus dem eingelegten Ring heraus geformt (siehe Text Seite 21), die anderen aus einfachen Streifen. Emaillack-Zierfarbe wurde bei der gelöcherten Vase verwendet.* ▶

Mit kleinen Zweigen vom Lebensbaum (Thuja) wurde die hohe Vase in Türkis gestaltet. Diese wurden so tief wie möglich in den mittleren Teil der Vase eingedrückt. – Man sollte zunächst das ganze Muster auflegen. Die Zweige werden mit einer Nadel abgenommen, wenn man sich überzeugt hat, daß die Eindrücke sauber und tief genug sind. – Nach dem Trocknen wurde die Farbe so aufgetragen, daß sie nicht in die vertieften Linien eindringen konnte. Diese wurden, da sie zu weiß erschienen, mit Tee getönt.

Mit besonderer Einfühlung sollten wir uns in vielen Fällen der *Randgestaltung* widmen. Aufgehellte oder dunklere Randpartien, Ränder in Braun und Beige, manchmal in Grau lassen viele Vasen „edler" erscheinen.

Auch nach dem Trocknen der Gefäße läßt sich noch eine Materialschicht auflegen – auf vorher angefeuchtete Partien (!) – und beliebig strukturieren. Bei der hellblau-braunen Vase (siehe hintere Umschlagseite) wurde eine dicke Stricknadel verwendet, die beim Einstechen in das Material fast parallel zur Vasenwand gehalten wurde. Die zu vielen Formen passende rustikale Struktur harmoniert mit diesem Modell, das eine kleine Skulptur darstellt.

Noch einige Vasen dürften in ihrer Gestaltung von Interesse sein:

Der Krug in Violett (Titelseite) wurde mit Stoffarbe „eingefärbt". Mit Wasser angefeuchtete Wattestäbchen dienten zum Herauswischen der weißen Streifen. Mit einer dicken Stopfnadel eingeritztes Muster!

Etwas mehr Zeit erforderten der Krug mit großzügig auf-, teilweise übereinander gemalten Kreisen, die Vase mit dem Kiefernzweig (gleiche Form wie auf S. 26/27) und die große Vase in Grau und Gelb. Für diese Vasen wurden Malkreiden und Terpentinersatz verwendet. Der Umriß des großen, mit feinem Sandpapier abgeschmirgelten Gefäßes war zunächst auf Papier gezeichnet worden. In diesem Umriß wurde das

Motiv entwickelt, das dann auf die weiße Vase übertragen wurde (vor dem Durchzeichnen Schraffieren der Papierrückseite mit Bleistift!). Es folgte die Nachzeichnung mit schwarzer Malkreide, Ergänzung durch Linien in Braun, Ocker und „Lachs“ und dann Korrekturen der Strichführung durch eingeritzte Linien. Aus verriebenem Schwarz und Ocker und kleinen Ritzlinien entstand eine lebendig wirkende graue Fläche um das Motiv herum. Das Ganze wurde mit einem nur wenig mit Terpentinersatz befeuchteten Läppchen abgetupft.

Die beiden anderen Vasen wurden mit den gleichen Mitteln ohne vorherigen Entwurf gestaltet; auch hier zusätzliche Zeichnung und Aufhellung durch eingeritzte Linien. – Letztere finden wir noch bei der Schlaufenvase in Blau, siehe Seite 45.

Wer Freude an der Entwicklung eigener Motive hat, bringt den Umriß seiner Vasen aufs Papier und läßt mit Farb-, evtl. Filzstiften, seiner Phantasie freien Lauf. Für schnelle Entwürfe sind letztere ideal. Die Farben sind zwar etwas greller, als wir sie für Vasen wählen würden, aber das läßt sich beim Mischen der Farbtöne berücksichtigen. Mit Tee oder Patina können wir die Farben auch immer noch ein wenig dämpfen, wobei sie jedoch nicht zu trüb oder schmutzig werden sollten. Wie gesagt, lassen sich farblich gestaltete Vasen noch mit Malkreiden u. a. beleben, korrigieren, verbessern, wenn sie uns nicht ganz gefallen. Wollen wir Farben und Lacke wieder entfernen, so benutzen wir jeweils das zu ihnen gehörende Verdünnungs- oder Reinigungsmittel (siehe Gebrauchsanweisungen). Zum Abwischen sollten wir durchaus den Mut

*Für nur farblich zu gestaltende Vasen gibt es die Methoden des Eintauchens und Bestreichens, s. Text Seite 12.*

aufbringen! Manchmal ergeben sich unerwartet günstige Effekte, anderenfalls aber neue Gestaltungsmöglichkeiten. Siehe aber auch das Kapitel „Nützliche Hinweise"!
Für die Verwendung von Kaltemail und Farbschmelzpulver (Beispiel für letzteres siehe kleine gelb-braune Vase, Seite 45) gibt es ausführliche Anleitungen.
Nicht sämtliche der abgebildeten Vasen konnten besprochen werden. Nach allem Gesagten dürften sie jedoch „für sich selber sprechen". Schauen wir also nur genauer hin!

## Ein Nachwort, das auch ein Vorwort sein könnte

Zum Glück sind die Möglichkeiten, Vasen zu gestalten, unbegrenzt und auch nicht annähernd erschöpfend darzustellen. Jeder kann hier erfinderisch sein. Dieses Buch möchte vor allem Impulse geben und zeigen, daß es sich lohnt, Vasen selbst zu arbeiten. Und daß es Spaß macht!
Denken wir daran, daß Blumen gar nicht unbedingt in vollendet geformten und geglätteten Vasen stehen wollen. Gefäße, die noch die Spuren unserer Hand tragen, wirken persönlich! Sie lassen eine menschliche Note erkennen, die wir bei den maschinell produzierten Stücken oft ein wenig vermissen.
Vielleicht erinnern wir uns beim Arbeiten gelegentlich an folgendes: Als Gefäße für Blüten und Zweige sollen unsere Vasen mehr als alles andere deren Anmut zur Wirkung bringen. Damit brauchen sie nicht auf eigenen Glanz zu verzichten. Jedoch sind sie in Form und Farbe eher ein wenig zurückhaltend, um diesen Sinn zu erfüllen. Das heißt aber durchaus nicht, daß sie von herkömmlichen Formen nicht abweichen dürfen. Selbst bizarre „Gestalten" sind erlaubt. Bringt nicht auch die Natur solche hervor – in der Verzweigung der Äste und Wurzeln, in der Form der Steine?
Die Schönheit blühender Zweige und Gewächse erleben wir immer wieder vor natürlichem Hintergrund. Blüten heben sich ab gegen den in seinen Farben wechselnden Himmel, gegen das unterschiedlich grüne oder herbstlich goldgelbe Laub. Wir sehen Blumen vor spiegelnden Wasserflächen, die die bunte, vielgestaltige Umwelt reflektieren, zwischen Gestein in hellen und dunklen Grautönen, auf graubraunem Boden, vor interessant strukturierter Baumrinde.
Der Kontrast zwischen leuchtenden Blüten, die die Lebensfreude symbolisieren, und den Farben verwitterten Gemäuers, alter Zäune und Verschläge – wie wir ihn nicht nur im Süden erleben – mag uns inspirieren.
Diese nie zu bunten oder aufdringlichen, jedoch immer lebendigen „Hintergrundsbilder" beeinflussen oft unbewußt unser Gefühl für „die richtige Vase". In fein abgestuften, aber nicht stumpfen Tönen wird sie uns als gelungen erscheinen – ansprechender meist als unter dick aufgetragener Farbschicht. Gefällig wird sie auch sein mit verschiedensten Strukturen in Weiß, „Terrakotta" oder Tee-getönt.
Der schöpferische Drang sollte jedoch keineswegs gehemmt sein. Grelle Farben können nachträglich gedämpft werden. Selbst die Formen sind oft noch veränderbar.
Manche unserer Werke gelingen auf Anhieb. Für andere nehmen wir uns immer wieder von neuem Zeit. Unser Anspruch mag einmal höher, ein anderes Mal bescheidener sein. Vergessen wir nicht, daß Blumen auch gerade in einfachen Gefäßen gut zur Wirkung kommen!

ISBN 3-7724-0483-9 · Best.-Nr. 759

 1. Auflage 1981
frech-verlag
GmbH + Co. Druck KG Stuttgart

Druck: Frech, Stuttgart

*Wie ein wildwüchsiger Bart: die „applizierten" Hörnchen (siehe Beschreibung Seite 14–17). Urtümlich auch die Vase mit gelöcherter Struktur (Beschreibung Seite 38 unten rechts).*